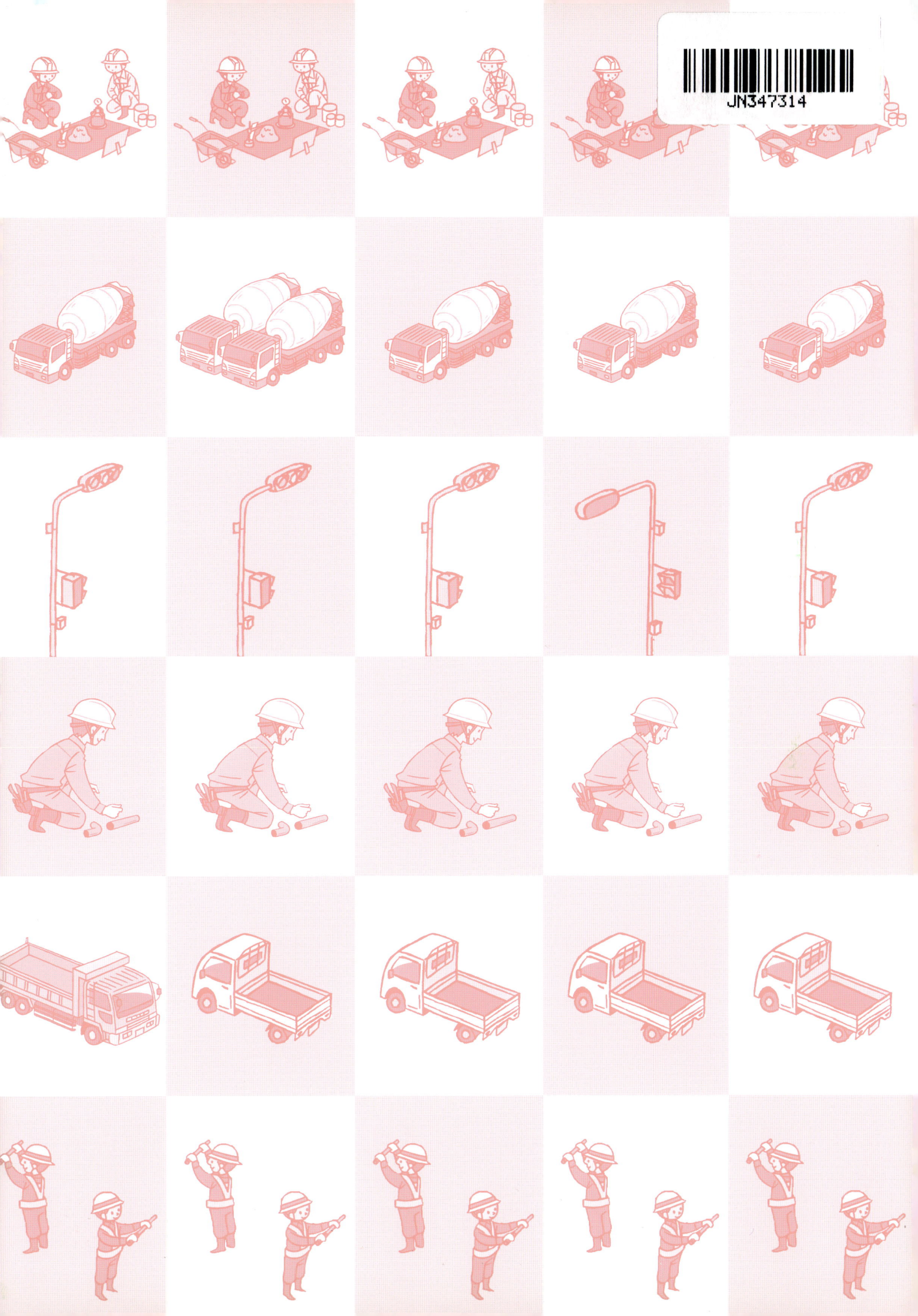

처음 공학 그림책 1

차근차근 아파트

다지마 나오토 그림
엄혜숙 옮김
오원규 감수

너머학교

차례

[공사를 시작하며] 생활을 가꾸는 아파트 ················· 3

아파트를 짓자 ················· 4
주변에 울타리를 치자 ················· 6
말뚝을 박자 ················· 8
땅 밑, 가장 중요한 기초 공사 ················· 10
드디어 땅 위로 ················· 12
뼈대를 만들자 ················· 14
한 층씩 짓자 ················· 16
위아래에서 다른 공사 중 ················· 18
깔끔하게 마무리! ················· 20

아파트가 완성되었어! ················· 22
[공사를 마치며] 아파트 주변에 생기는 변화 ················· 24

아파트의 어제와 오늘 ················· 25
1,000년 전에 생겼어요! 오래된 공동 주택 / 모두 함께 서로 돕는 나가야의 생활 ················· 25
좁은 땅에 번져 간 아파트 열풍 ················· 26
아파트? 주상 복합 아파트? 연립 주택? 무엇이 다르지? ················· 26
내가 최고! 세계의 아파트 ················· 27

아파트 공사에서 활약하는 중장비들 ················· 30

공사를 시작하며

생활을 가꾸는 아파트

우리는 날마다 똑같은 일을 하면서 살아요.
말하고, 놀고, 배우고, 먹고, 자고······.
이것이 '생활'이에요.
우리들의 생활은 대부분 집에서 이루어집니다.
같은 집이라고 해도 모양이 갖가지인데, 그중 하나로 아파트가 있지요.
아파트는 땅이 좁아도 위로 높이 지어서 방을 많이 만들 수 있어요.
그 방 하나하나가 '집'이 되지요.
아파트는 인구가 많은 곳에서 주로 볼 수 있는 건물로,
많은 사람이 한 건물 안에서 생활하는 공동 주택입니다.

자, 이제 아파트를 짓기로 했어요.
한참 올려다봐도, 꼭대기가 보이지 않을 만큼 높은 아파트예요.
하지만 아무리 높은 건물도, 공사는 땅바닥 높이에서 시작합니다.
울타리를 둘러친 현장에 많은 트럭과 중장비, 사람이 드나들고 있어요.
각각 어떤 일을 하고 있을까요?
아파트는 어떻게 지을까요?
차근차근 만들어지는 모습을 들여다볼까요?

아파트를 짓자

여기에 아파트를 짓자.
아파트가 생기면,
사람들이 많이 모이고, 생활이 달라질 거야.

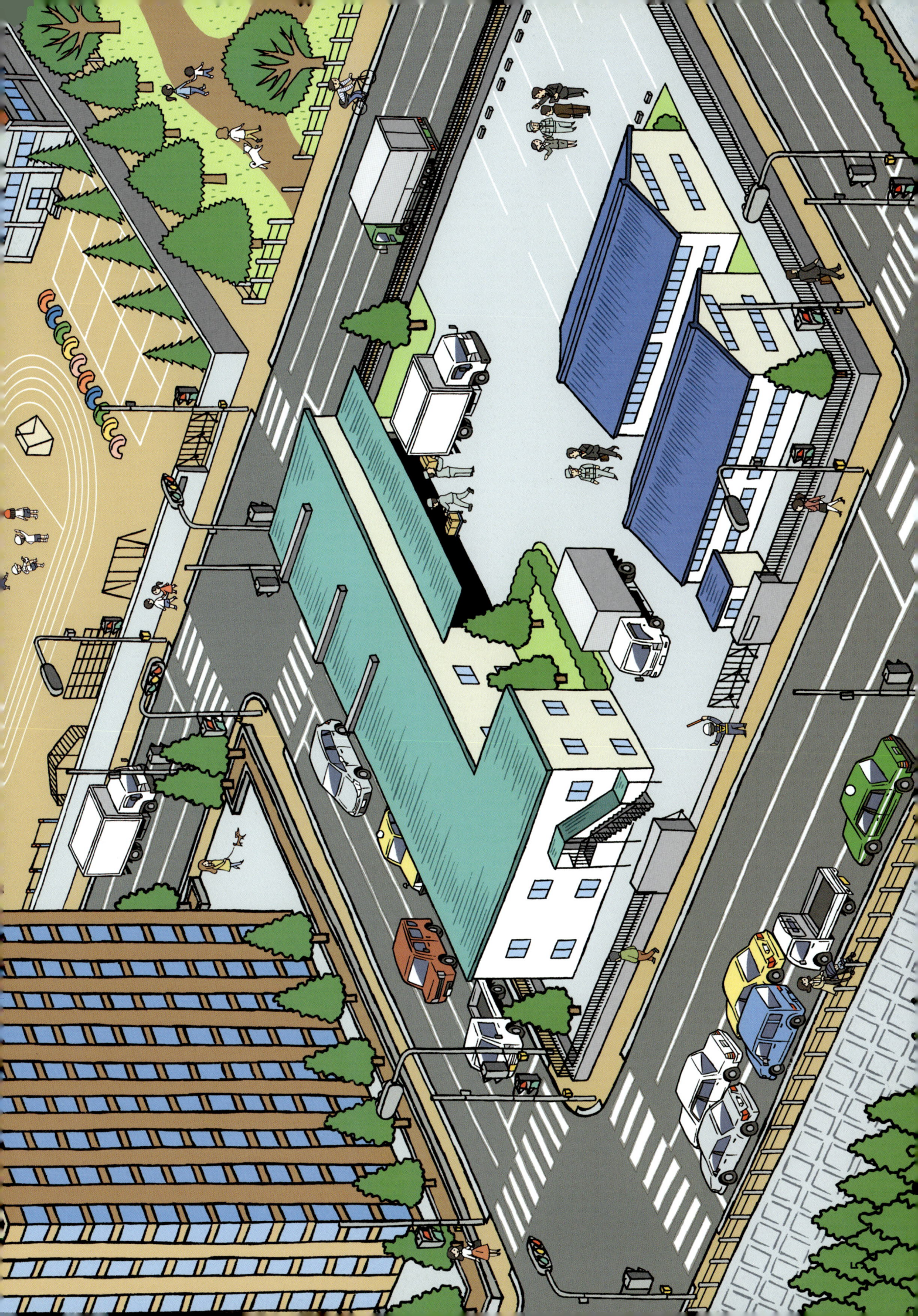

주변에
울타리를
치자

아파트를 지을 땅 주변에 철판 등으로 '가설 울타리'를 쳐. 여기서 공사를 하고 있다는 것, 들어가면 위험하다는 것을 모두에게 알리기 위해서야. 가장 먼저 할 일은 한때 있던 건물을 부수는 거야. 예단이문으로 건물 기둥과 벽을 허무는 중장비, 트럭이 드나들고 있어. 물론 일하는 사람들도 드나들지.

많은 전문가가 힘을 합쳐요

기둥을 세우거나 벽을 붙이는 등, 아파트를 지으려면 다양한 작업을 해야 해요. 그런데 작업은 한 사람이 하는 것이 아니라, 각 분야의 전문가가 나누어서 해요. 필요한 때에 각 분야의 전문가가 필요한 인원만큼 와서 일하지요.

해체용 중장비

긴 팔(암) 끝에 커다란 집게가 달린 굴착기가 활약해요.

집게

가설 울타리는 안이 들여다보이게 만든 곳도 있어요.

7

말뚝을 박자

건물을 만들기 시작해.
만들고 싶은 모양을 그린 설계도를 보면서 시작해!
높은 건물을 때받치는 것은 땅 밑에 박힌 '말뚝'이야.
이 부분은 무척 중요하지만, 건물이 완성되면 보이지 않아서 모르는 사람이 많아.
땅속 깊이 단단한 곳까지 여러 드릴로 구멍을 내고 빈틈없이 말뚝을 박아 넣어. 말뚝은 길이가 60미터나 되는 것도 있어.

철판이 주욱~

공사 현장에는 흔히 철판이 깔려있어요. 땅이 약해 무거운 트럭이나 중장비가 지면에 박혀 움직일 수 없게 되는 일을 막기 위해서 철판을 깔지요.

현장 지기 말뚝

땅에 구멍을 파서 말뚝을 박는 순서예요.

① 벽면을 보호하는 안정액을 채우면서 구멍을 파요.
② 구멍 안에 철근망을 넣어요.
③ 콘크리트를 부어 구멍 바닥부터 채워요.
④ 콘크리트가 굳으면 흙으로 다시 메워요.

드릴링 버킷 · 안정액 · 철근망 · 콘크리트 · 트레미(철관) · 흙
단단한 지반

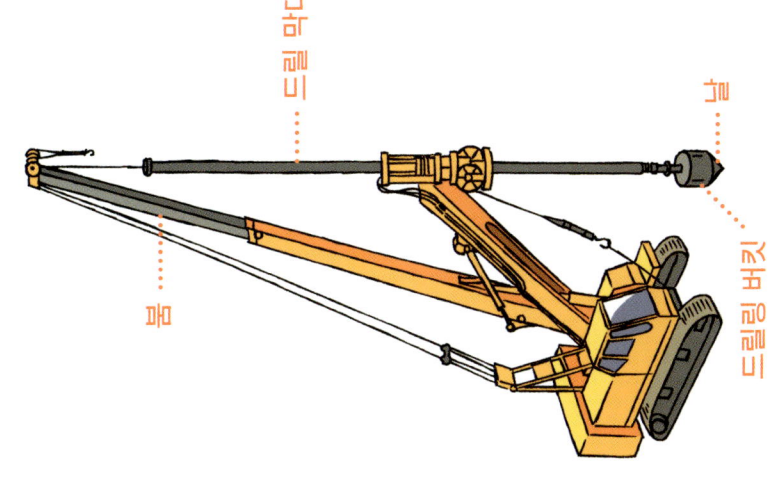

어스 드릴

크레인의 붐에 드릴 막대가 달린 중장비예요. 드릴링 버킷 끝에 튼튼한 날이 나란히 붙어 있어, 버킷과 함께 돌면서 땅을 파요.

드릴 막대

붐

드릴링 버킷: 버킷 안에 파낸 흙을 담아 올릴 수 있어요. 흙이 가득 차면 땅 위로 끌어올려 비우지요.

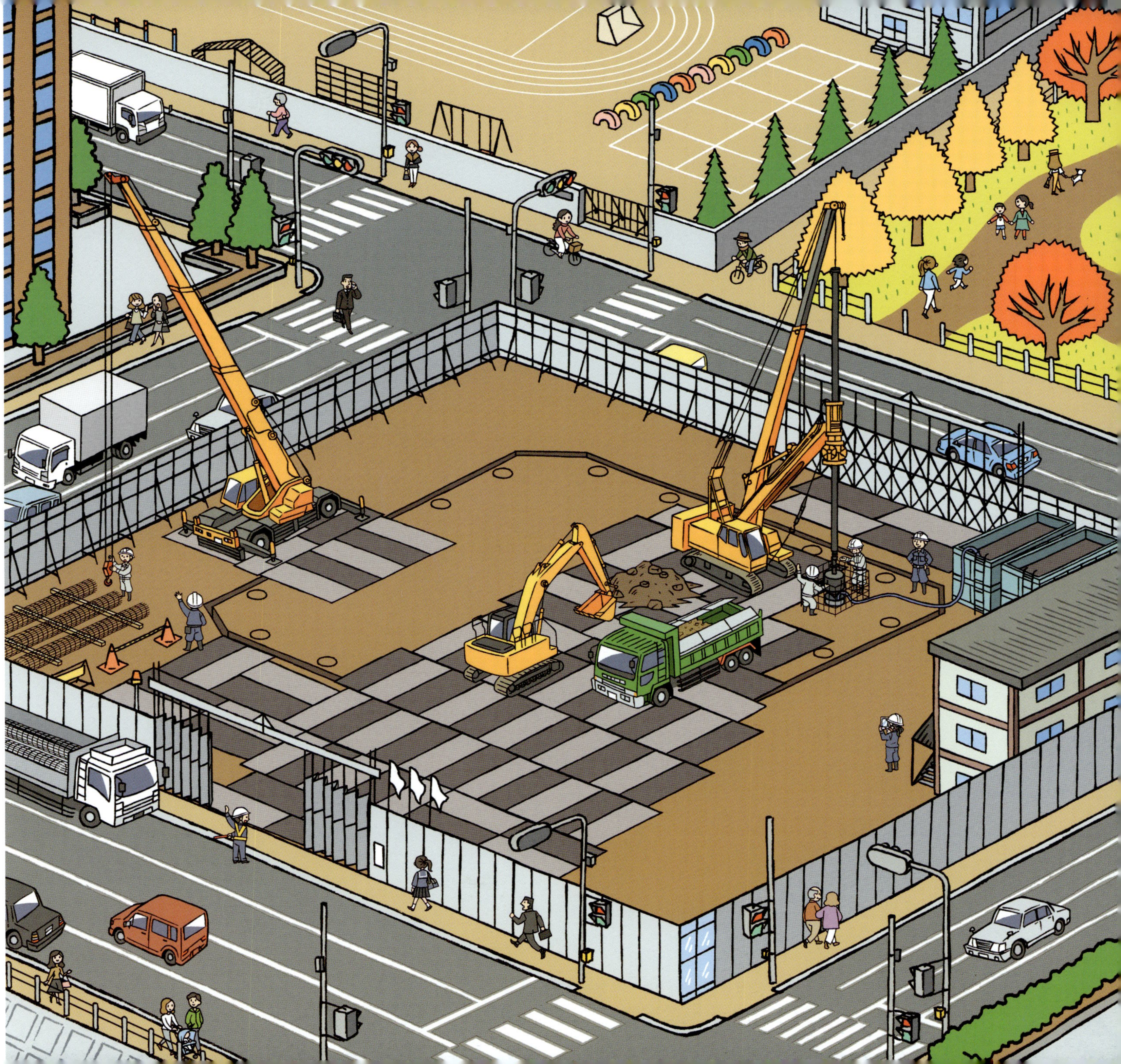

날

9

땅 밑, 가장 중요한 기초 공사

말뚝을 박았으면 굴착기로 땅을 파. 그런 다음 철근(긴 막대 모양 철재)을 짜고 콘크리트를 부어 넣어 땅과 말뚝 위에 단단한 기초를 만들어. 이 작업을 '기초 공사'라고 해. 건물을 지을 때 가장 시간이 걸리는 일이지.

굴착기
삽질하듯이 흙을 파내는 중장비예요.

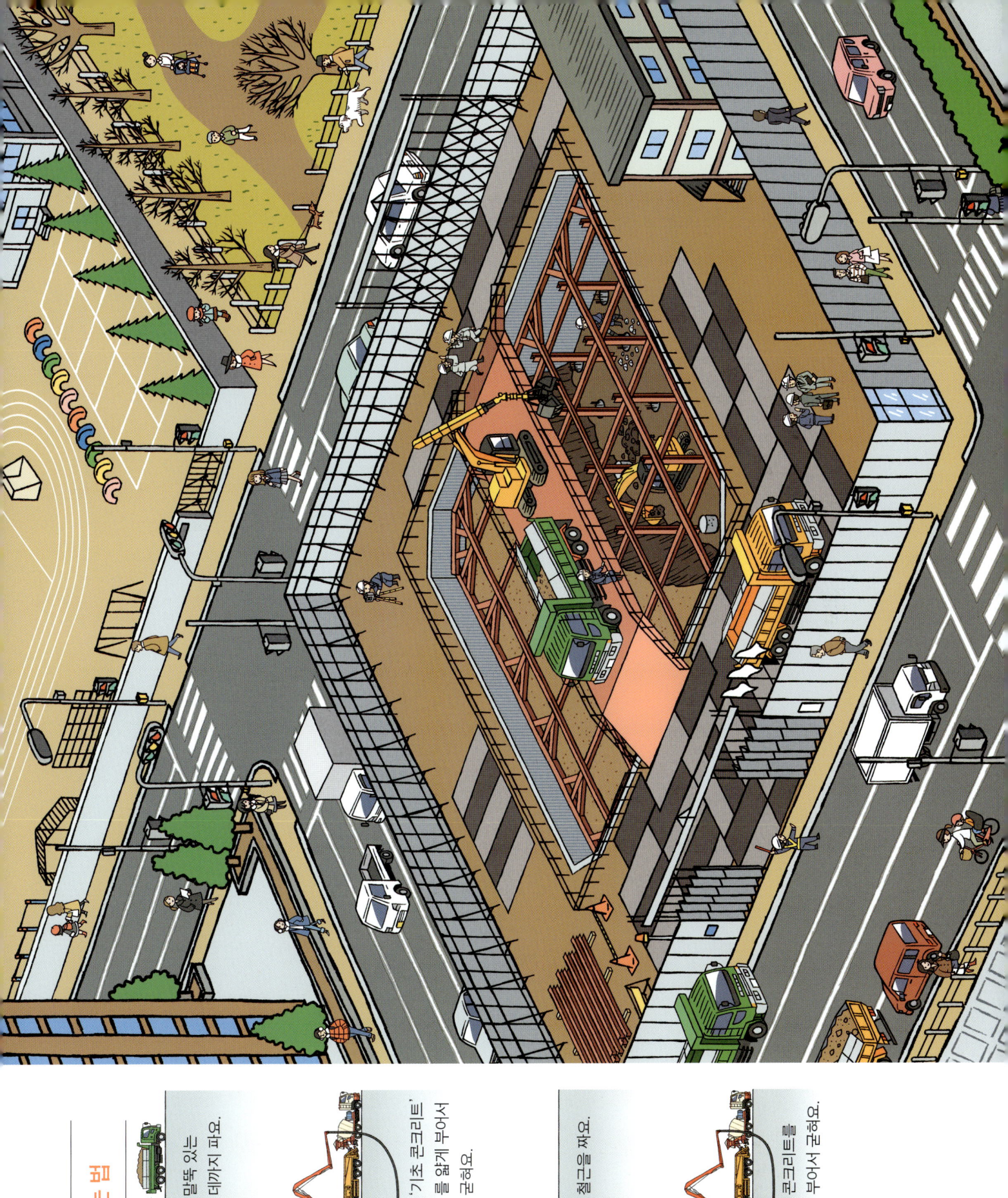

드디어

땅 위로

시간이 오래 걸리는 땅 밑 기초 공사가 끝나면, 드디어 땅 위 공사를 시작해. 땅 밑과 마찬가지로 철근을 딱 맞게 짜서 넣고, 콘크리트도 빈틈없이 붓지. 이렇게 하면 무척 튼튼하게 만들 수 있어.

콘크리트는 협동 작업으로

콘크리트가 굳기 전에 힘을 합해서 척척 작업해요.

- 콘크리트를 부어 넣을 때는 — 재빨리 쏟아 넣어요.
- 콘크리트를 부어 넣을 때도 — 빈틈으로도 잘 들어가요.
- 평평하게 만들려면 — 경사진 곳이 없게 해야지요.
- 마무리할 때는 — 매끄럽게 다듬어요.

사용할 시간에 딱 맞춰 도착해요!

콘크리트는 시멘트와 자갈, 모래, 물을 섞은 것으로 '생콘크리트'(레미콘)라고 부르지요. 두 시간 정도 지나면 굳기 시작하므로, 쓰고 나서 한 시간 반 이내에 다 쓰도록 공사 현장에 도착할 시간을 계산하여 콘크리트 공장에서 만들어요.

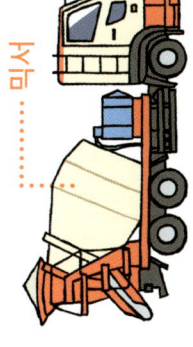

믹서 ········

콘크리트 믹서 트럭
콘크리트 공장에서 현장으로 콘크리트를 나르는 트럭이에요. 콘크리트가 굳지 않도록 믹서를 빙빙 돌리며 다녀요.

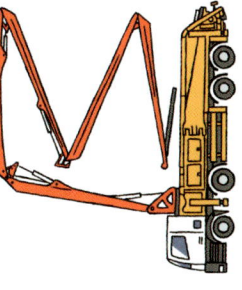

콘크리트 펌프 트럭
콘크리트 믹서 트럭과 연결하여 파이프 나 호스로 콘크리트를 힘차게 내보내는 트럭이에요.

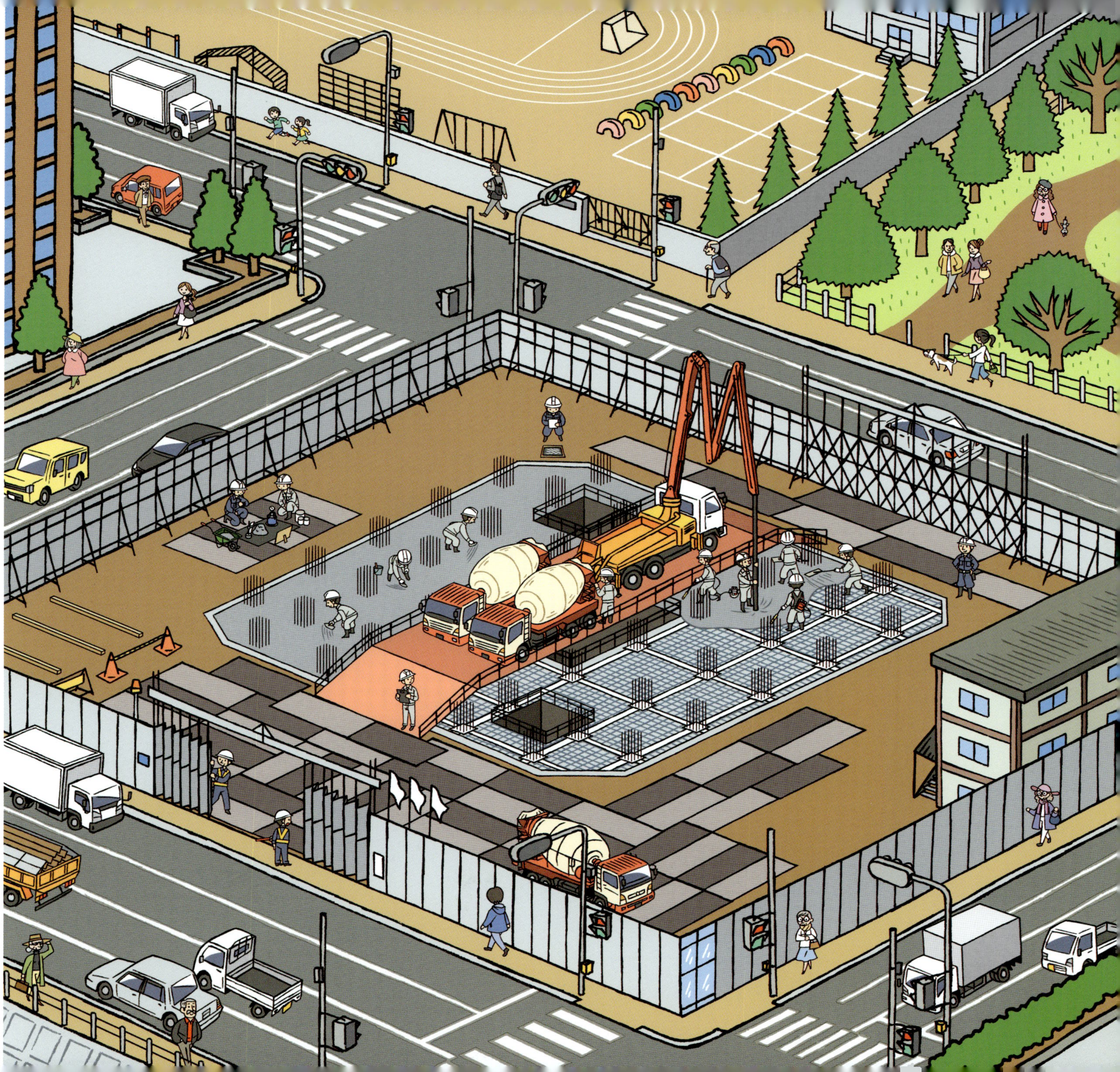

뼈대를 만들자

건물에도 '뼈대'가 있어. 이 뼈대가 건물이 기울어지거나 쓰러지지 않도록 강력하게 뒷받침하지. 건물의 뼈대를 만드는 일을 '골조 공사'라고 해. 건물의 뼈대에는 세로로 붙이는 '기둥'과 가로로 붙이는 '들보'인데, 서로 단단하게 맞물려 있어.

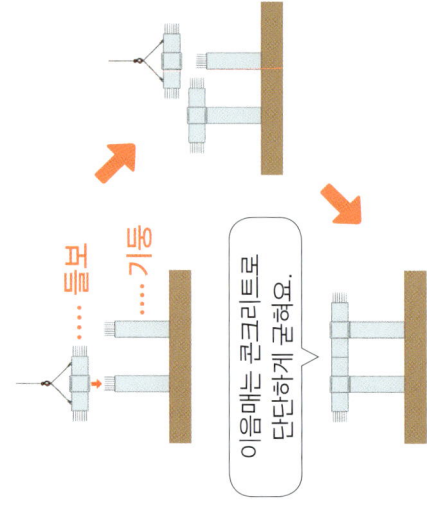

보 · · · · ·
기둥 · · · · ·

이음매는 콘크리트로 단단하게 굳혀요.

공장에서 배달되는 기둥

아파트의 기둥이나 튼튼한 철근 틀에 콘크리트를 부어 만들어요. 그 자리에서 만들 수도 있지만, 요즘은 전용 공장에서 만들어진 것을 가져와 사용하는 경우가 많아요.

타워 크레인

높이를 조절할 수 있는 크레인이에요. 높은 건물을 지을 때 크게 활약해요.

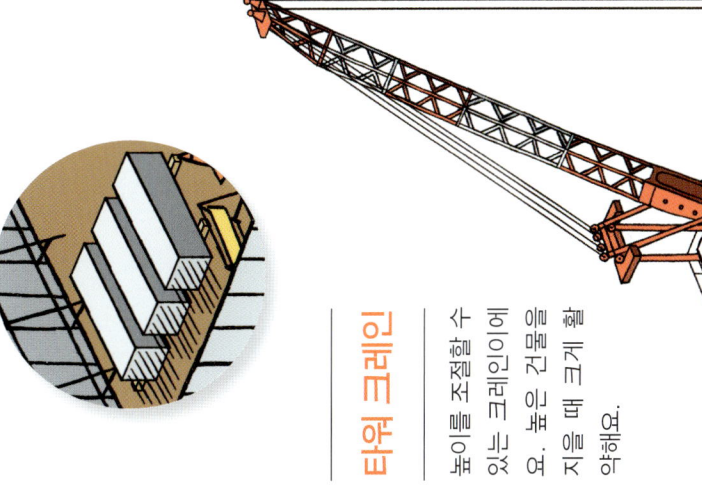

현장 감독의 솜씨를 보여 주세요

현장 감독은 수많은 사람과 트럭이 드나드는 공사 현장을 관리하고 감독하는 일을 해요. 공사가 멈추지 않고 진행되도록 현장 구석구석까지 신경 쓰지요.

공사가 제대로 이루어졌는지 꼼꼼히 확인하는 것도 현장 감독이 하는 일이지요.

딱 맞춰 자재가 도착했어요! 자, 오늘도 힘내자고!

좋아요! 이날까지 자재를 가져오세요.

다음 중 공사는 이날부터 시작할 거니까…….

한 층씩

짓자

뼈대가 만들어지면 콘크리트를 부어 바닥을 만들어. 바닥이라고 하지만 우리가 밟고 다니는 바닥이 아니라, 그 아래에 있는 공간을 말해. 이렇게 해서 한 층이 완성되는 거야.

뼈대와 바닥 만들기를 반복해 가면서 한 층씩 차례로 완성해.

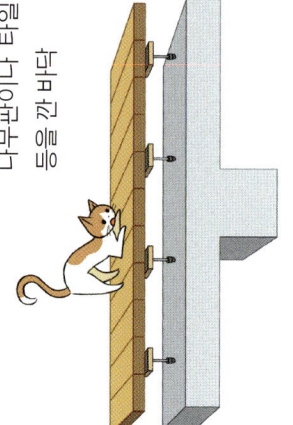

나무판이나 타일 등을 깐 바닥

철근을 짠 뒤에 콘크리트를 부어 굳힌 바닥

공사용 엘리베이터로 일하는 사람과 자재를 날라요.

'비계공'이라는 장인

건물을 짓는 현장에서는 많은 사람이 일하는데, 그중에 '비계공'이라고 불리는 장인이 있어요. '비계'는 높은 곳에서 공사를 할 수 있도록 임시로 설치한 가설물을 말하는데, 이것을 설치하는 일을 전문으로 하는 사람이 비계공이에요. 모양이 독특한 비계를 입고, 높은 곳에서도 기둥과 들보 위를 가볍게 돌아다니며 작업을 하지요.

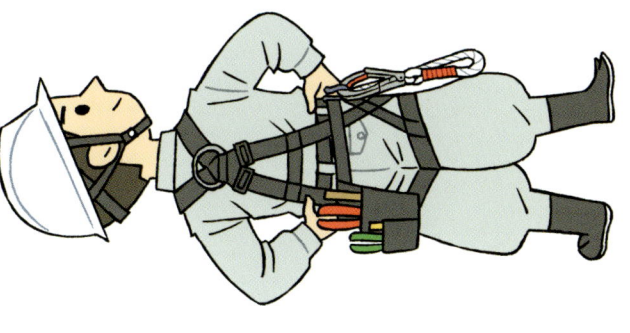

비계공은 움직이기 편한 바지를 입고 허리띠에는 도구를 차고 있어요.

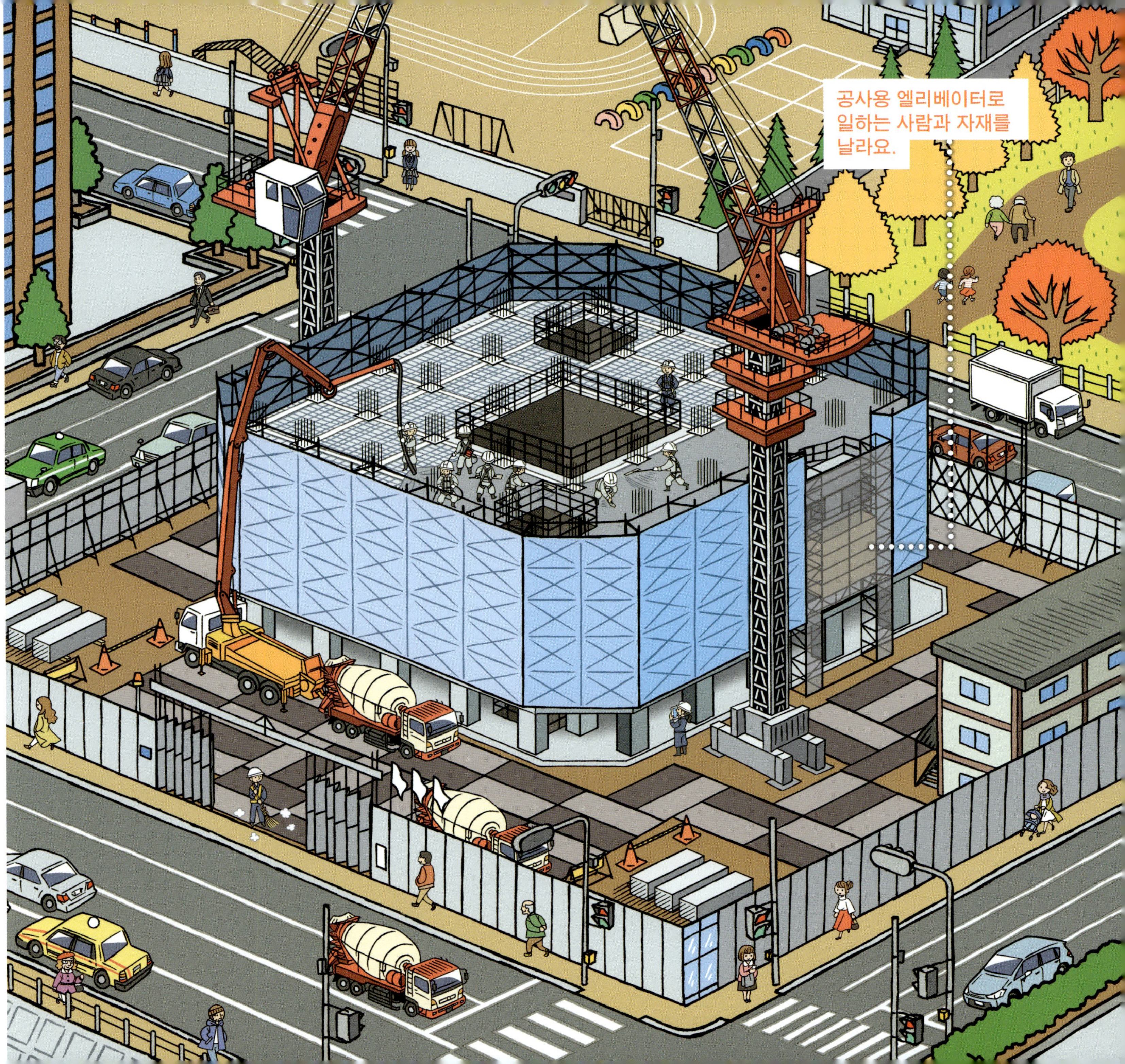

위아래에서 다른 공사 중

각 층이 완성되면 바깥벽과 창문을 붙여. 벽이 생기면 비나 바람을 막을 수 있지. 그런 다음에 천장이나 안쪽 벽을 만드는 '내장 공사'를 시작해.
아파트가 높아져 가는 동안 그 안에서는 위쪽에서는 골조 공사, 아래쪽에서는 내장 공사를 하며 마치 이어달리기를 하듯이 공사를 진행해.

크레인이 자랐어요!

타워 크레인은 높은 곳까지, 기둥이나 들보 등의 재료를 전달해요.
아파트가 높아지면 거기에 맞춰 타워 크레인도 높이를 높여요.

깔끔하게 마무리!

아파트 바깥쪽은 다 완성되고, 다음은 안쪽을 마무리하는 일만 남았어요.
전기와 전화, 인터넷 선을 연결하고 바닥을 깔고, 벽지를 발라요.
엘리베이터도 설치하고, 이곳에 살 사람들을 맞이할 준비를 해요.

바닥을 깔고 있어요!

수고했어요! 타워 크레인

오랫동안 수고한 타워 크레인이 일도 끝났어요. 타워 크레인은 높이를 높일 때와 반대의 방법으로 땅 위로 내려온 뒤, 분리해서 트레일러에 실어 다음 현장으로 보내요.

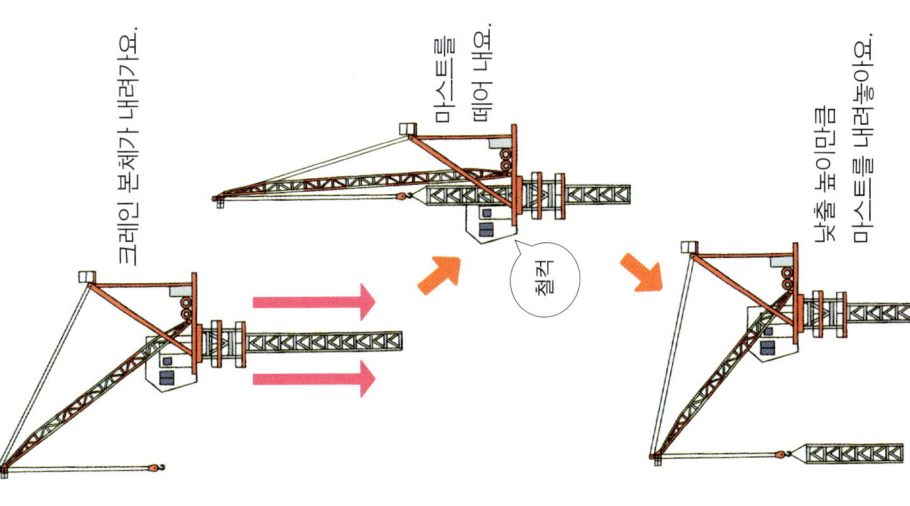

크레인 본체가 내려가요.

마스트를 떼어 내요.

철컥

낮출 높이만큼 마스트를 내려놓아요.

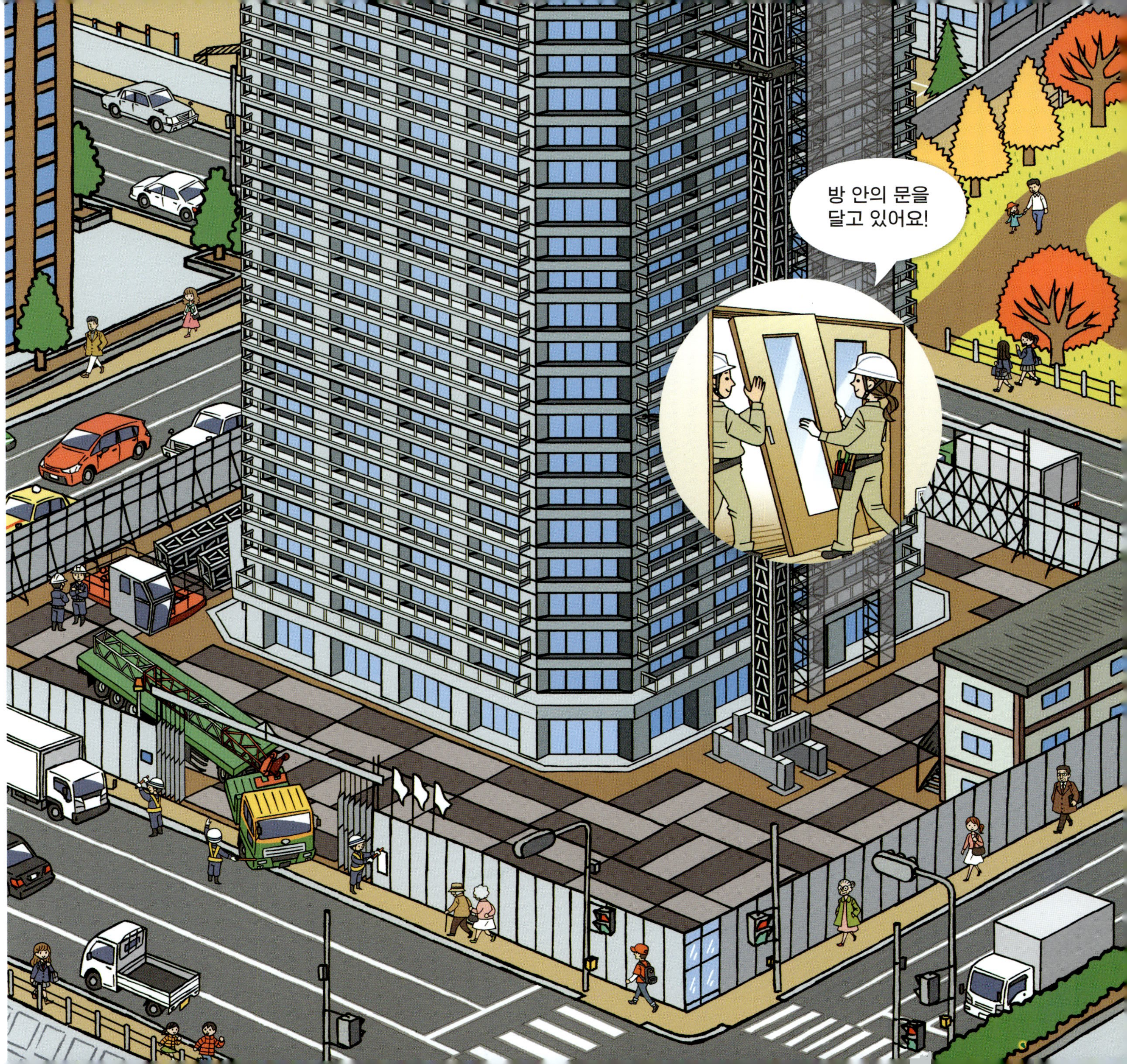

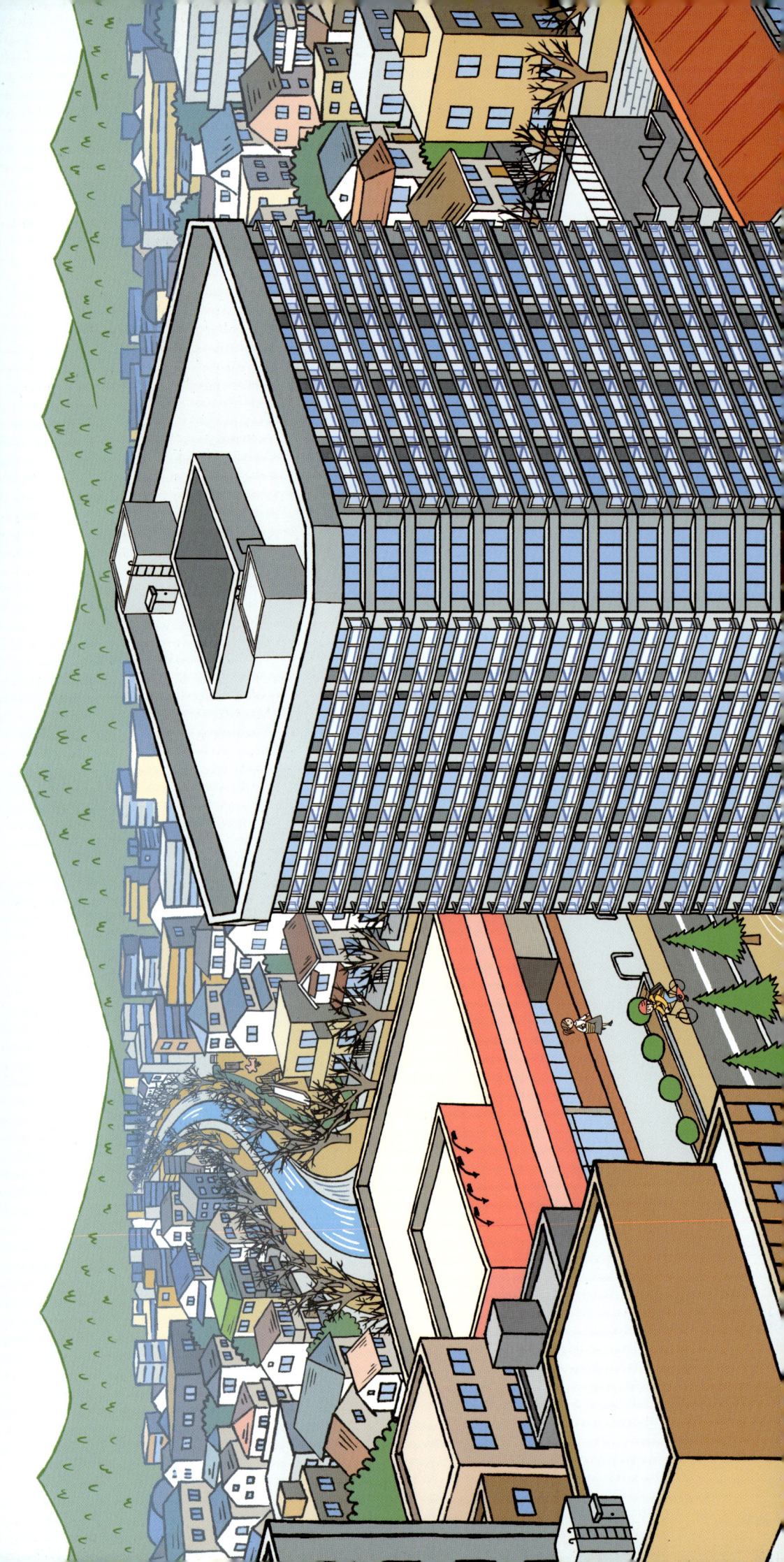

아파트가 왔어요!

공사를 마치며
아파트 주변에 생기는 변화

아파트가 완성되어 많은 사람이 들어와 살기 시작했어요.
사람이 늘어나자, 주변에 새로 가게가 생기기 시작했어요.
생활이 편리해지자 근처 마을에서도 사람이 모여들고 있어요.
지금까지와는 다르게 사는 환경이 바뀌어 가는 거예요.
우리들의 생활은 조금 더 활기차게 되었지요.

아이들이 많이 이사 와서 학교에서 반이 늘어날지도 몰라요.
학교 안팎에서 즐거운 만남이 이어지고, 새로운 친구가 생길 거예요.
모르는 것을 배우고 아는 것을 가르쳐 주는,
새로운 관계도 생겨날 거예요.

가까이에 있는 아파트를 살펴보세요.
그 주변의 모습도 관찰해 보세요.
분명 새로운 걸 발견할 거예요!

아파트의 어제와 오늘

1,000년 전에 생겼어요!
오래된 공동 주택

커다란 집을 몇 개의 방으로 나누고, 각각의 방을 '집'으로 해서 많은 사람이 모여 사는 아파트 같은 집을 '공동 주택'이라고 불러요. 미국 뉴멕시코주에 있는 공동 주택 '타오스 푸에블로'는 지금부터 1,000년쯤 전에 만들어졌어요. 세계에서 가장 오래된 공동 주택이지요. 처음에는 출입구가 천장에 있었는데, 나중에 문이 만들어졌어요. 사다리를 타고 올라 천장으로 드나들었던 것 같아요. 지금도 여기에 살고 있는 사람이 있는데, 전기나 수도를 사용하지 않고 옛날 모습 그대로 생활하고 있어요.

ⓒ아이스톡

모두 함께 서로 돕는
나가야의 생활

일본 공동 주택의 시작은, 에도 시대 (1603~1867년)의 '나가야'라고 여겨져요. 나가야는 좁고 긴 집을 몇 개의 방으로 나눈 구조로, 각각의 방을 '집'으로 해서, 다른 가족이 살아요. 집 하나는 약 3평(약 9.9㎡) 정도의 넓이로, 욕실은 없었어요. 지금 같은 수도 설비도 없었기 때문에, 나가야 근처에 공동 우물과 공동 화장실이 있었지요. 나가야는 이웃집 말소리가 들릴 정도로 좁은 집이었지만, 가족처럼 서로 도우며 살았던 것 같아요.

ⓒWikimedia Commons

미닫이가 있는 곳이 하나의 '집'이에요. 건너편에도 같은 나가야가 있어서, 통로도 좁아요.

옛날 나가야 방 안을 재현한 모습이에요.

좁은 땅에 번져 간 아파트 열풍

우리나라 최초의 아파트는 1930년대에 지어졌어요. 이때 지어진 아파트 중 충정아파트에는 아직 사람이 살고 있지요. 1962년에는 최초의 대규모 단지형 아파트인 마포아파트가 지어졌어요. 마포아파트는 알파벳 와이(Y) 자 모양으로 생긴 독특한 형태였는데, 처음으로 수세식 화장실과 연탄보일러를 갖추었어요. 이때부터 좁은 땅에 많은 인구를 수용하기 위해 나라 곳곳에 수많은 아파트가 연이어 들어섰고, 요즘은 세계적인 아파트 왕국이 되었어요.

사진: 국가기록원

최초의 대규모 단지형 아파트인 마포아파트

ⓒ셔터스톡

고층 아파트가 즐비한 현대 서울의 모습

아파트? 주상 복합 아파트? 연립 주택? 무엇이 다르지?

아파트는 공동 주택을 가리키는 '아파트먼트'(Apartment)에서 생겨난 말이에요. 5층 이상의 건물을 층마다 여러 집으로 일정하게 나누어 각각 독립된 가구가 살 수 있도록 만든 집을 말하지요.
한 건물에 주거지와 상가가 함께 있는 아파트는 주상 복합 아파트라고 부르는데, 주로 고층 아파트인 경우가 많아요. 생활이 편리하다는 장점이 있어서 새롭게 주목받고 있지요.
연립 주택도 한 건물 안에서 여러 가구가 각각 독립된 생활을 할 수 있도록 지은 공동 주택이에요. 아파트보다 작으며, 동당 건축 총넓이가 $660\,m^2$를 초과하는 4층 이하의 건물을 말해요.

내가 최고!
세계의 아파트

이탈리아
보스코 베르티칼레

아파트에서 나무가 자라네!

건물의 벽에 초록빛이 빽빽해요. 나무를 무척 좋아하는 건축가가 만든 '수직의 숲'이라는 뜻의 아파트예요. 두 건물에는 크고 작은 갖가지 나무가 약 5,900그루나 자라고 있어요. 나무는 각 집에 사는 사람의 소유가 된다고 해요. 지금은 새 둥지가 생긴 곳도 있대요!

ⓒ아이스톡

싱가포르
더 인터레이스

나무 쌓기 놀이가 아니야!

"거인이 쌓은 걸까요?" 하고 엉겁결에 말해 버릴 것 같은 아파트예요. 좁고 긴 6층 건물 31개 동이 이리저리 겹쳐져 쌓여 있어요. 제멋대로 놓인 것처럼 보이지만, 위에서 보면 벌집 형태예요.

ⓒ셔터스톡

미국

432 파크애비뉴

알루미늄 쓰레기통과 닮았다고?

높다란 빌딩이 줄줄이 늘어선 가운데, 하늘에 닿을 정도로 '툭!' 튀어나온 건물은 어떤 아파트일까요! 이 아파트는 무려 96층에 높이가 약 426미터나 돼요. 2015년에 완성되었을 때는, 세계에서 가장 높은 아파트였어요. 미국 사람들이 잘 쓰는 쓰레기통 디자인과 닮았다고 해요!

ⓒ아이스톡

©아이스톡

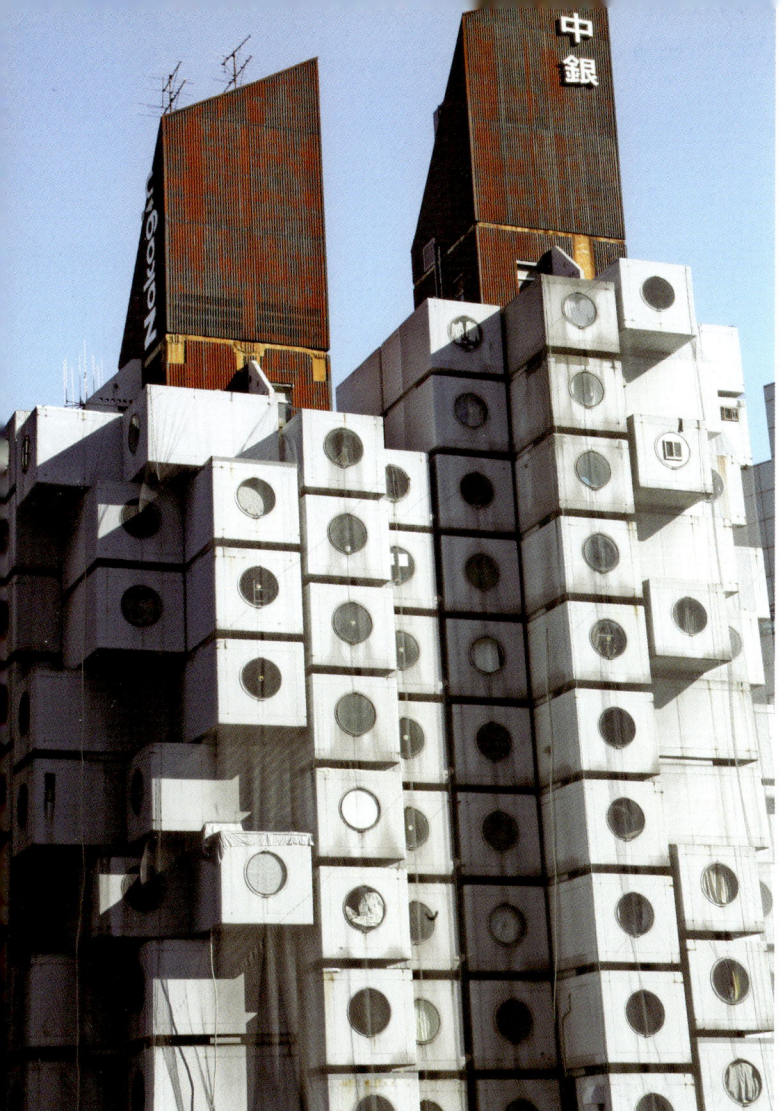

일본

나카긴 캡슐타워빌딩

캡슐이 막 움직일 것 같아!

가까운 미래에서 나타났을까요? 엉겁결에 눈이 멈추고 마는 독특한 주상 복합 건물이에요. 둥근 창문이 달린 상자 하나하나가 캡슐이라고 불리는 방이고, 이런 캡슐이 140개나 있어요. 이 캡슐은 바꿀 수 있는 구조이지만, 아직 한 번도 바꾼 적이 없다고 해요.

직선이 아니라고?

구불구불한 곡선으로 이루어진 건물이에요. 스페인 옆에 있는 '지중해'라는 바다를 이미지 삼아 만든 디자인이라고 해요. 옥상에 있는, 이상한 모양을 한 것은 굴뚝이래요! 관광 코스로 유명한 건물이지만, 지금도 여기에서 사람이 살고 있어요.

©아이스톡

스페인

카사 밀라

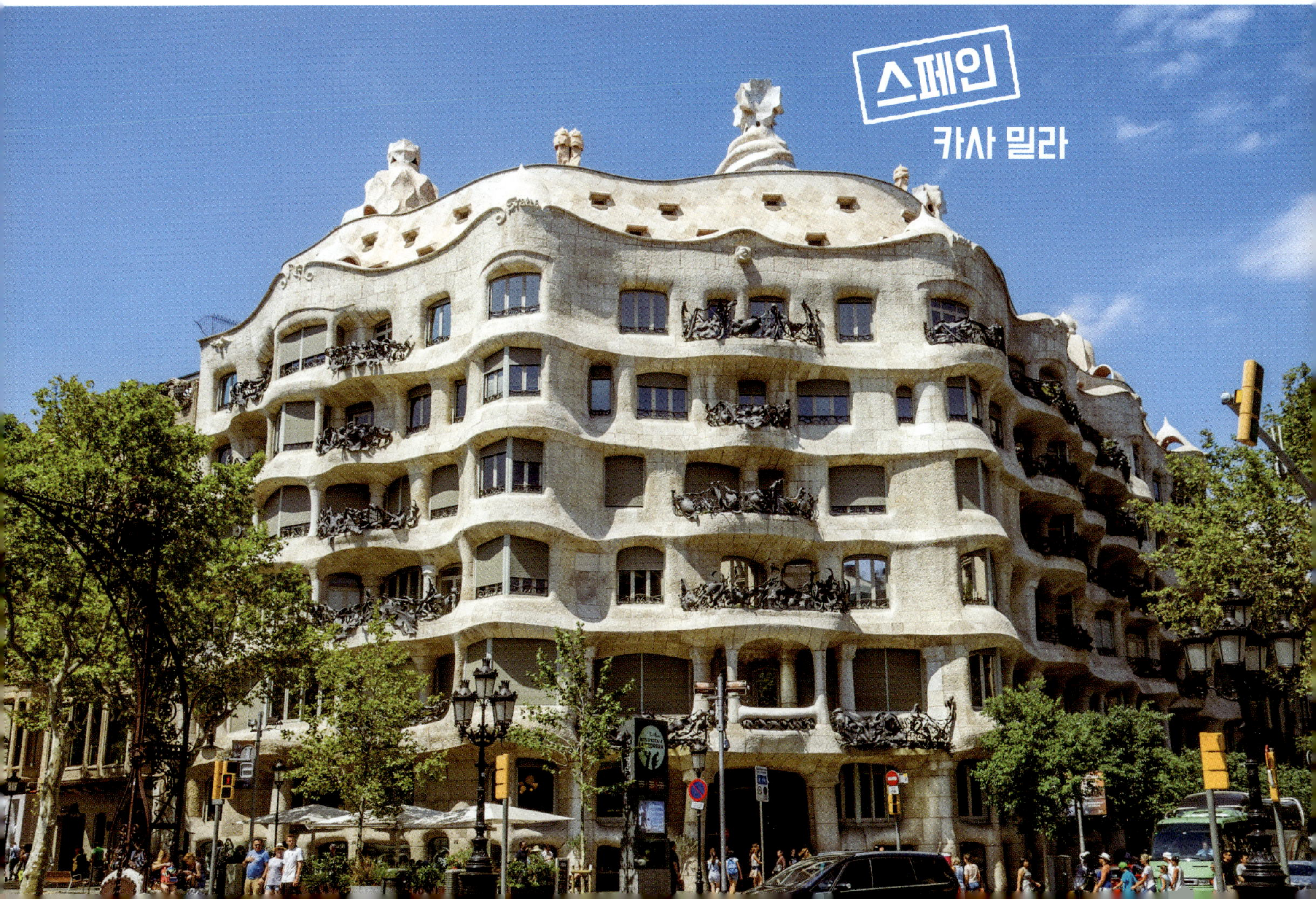

아파트 공사에서 활약하는
중장비들

굴착기
땅을 파내는 버킷(양동이처럼 생긴 흙 삽)이 달린 일하는 차예요. 끝에 달린 버킷은 다른 것으로 바꾸어 붙일 수 있어요.

덤프트럭
흙이나 모래, 콘크리트 조각 등을 잔뜩 실어 나르는 트럭이에요. 짐받이를 기울여서 한꺼번에 짐을 내릴 수 있어요.

빙글빙글 돌아요.

콘크리트 믹서 트럭
콘크리트가 굳지 않게 빙글빙글 돌리면서 콘크리트 공장에서 공사 현장까지 날라요.

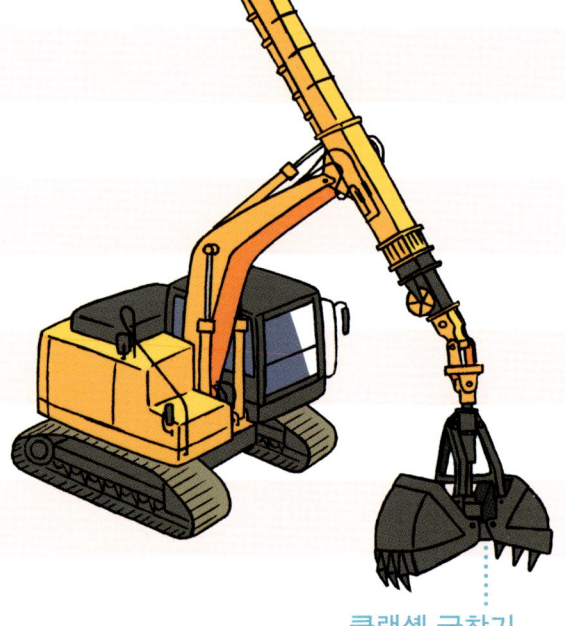

클램셸 굴착기
조개 모양으로 생긴, 흙을 퍼내는 삽이 달려 있어요.

타워 크레인

높은 건물을 짓는 공사 현장에서 가장 눈에 띄는 중장비예요. 건물이 올라가는 높이에 맞춰서, 크레인의 높이도 높일 수 있어요.

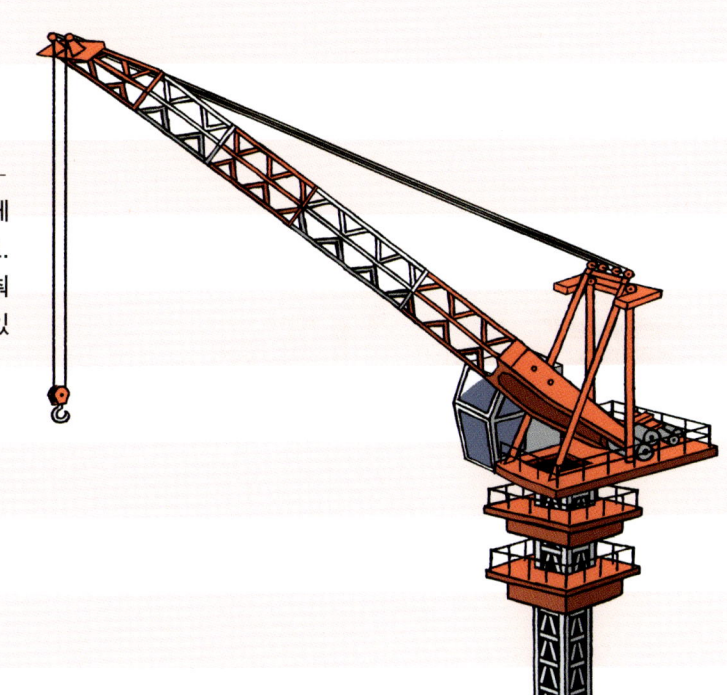

콘크리트 펌프 트럭

콘크리트 믹서 트럭과 연결해서 긴 호스로 콘크리트를 먼 곳까지 보낼 수 있어요.

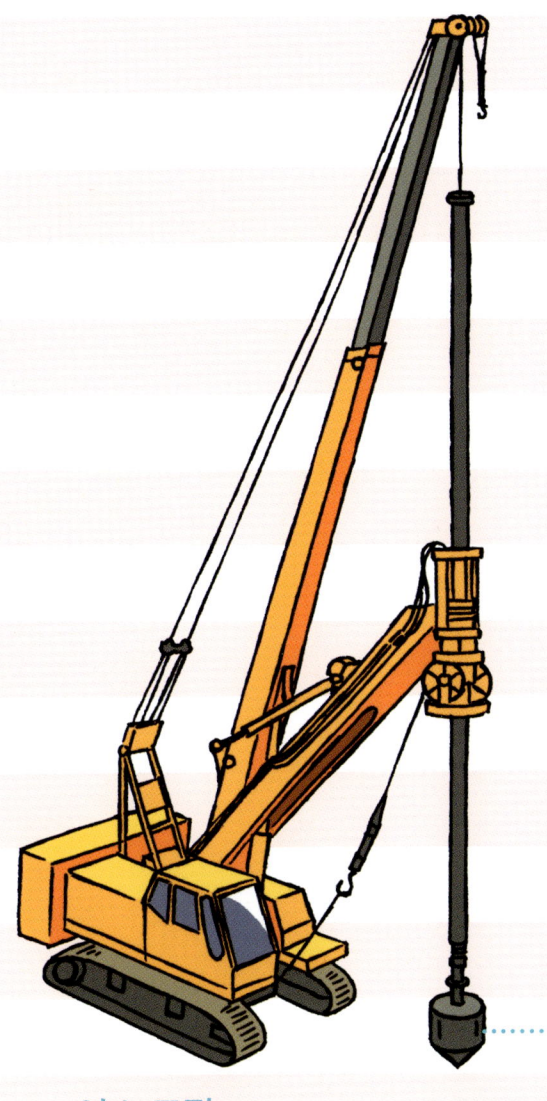

······빙글빙글 돌아요.

어스 드릴

드릴을 빙빙 돌려 땅에 구멍을 뚫어요.

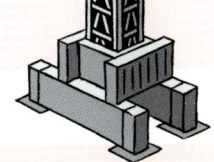

그림 다지마 나오토

일본 지바현에서 태어났으며 지금도 지바현에서 살고 있어요. 디자인 회사에서 근무한 뒤
2004년부터 일러스트레이터로 활동하고 있어요. 사랑스럽고 어딘가 그리움이 감도는 그림이 특징이에요.

번역 엄혜숙

연세대학교 독문학과와 같은 대학원 국문학과에서 문학을 공부하고, 인하대학교와 일본 바이카여자대학에서
아동 문학과 그림책을 공부했어요. 오랫동안 출판사에서 편집자로 일하다가 지금은 번역가와 작가로
활동하고 있어요. 『깃털 없는 기러기 보르카』 『개구리와 두꺼비는 친구』 『내겐 드레스 백 벌이 있어』
『은하 철도의 밤』 등 많은 책을 우리말로 옮겼고, 미야자와 겐지 원작을 고쳐 쓴 『떼쟁이 쳇』과
『세탁소 아저씨의 꿈』 『야호, 우리가 해냈어!』 『나의 초록 스웨터』 등을 썼어요.

감수 오원규 (GS건설주식회사 상무)

처음 공학 그림책1
차근차근 아파트

2020년 9월 10일 제1판 1쇄 발행
2025년 5월 25일 제1판 2쇄 발행

그린이	다지마 나오토
옮긴이	엄혜숙
펴낸이	김상미, 이재민
편집	송미영
디자인	정계수
종이	다올페이퍼
인쇄	청아문화사
제본	신안제책
펴낸곳	너머학교
주소	서울시 서대문구 증가로20길 3-12 1층
전화	02)336-5131, 335-3366
팩스	02)335-5848
등록번호	제313-2009-234호

ISBN 978-89-94407-78-4 74530
ISBN 978-89-94407-77-7 74530 (세트)

DANDAN DEKITEKURU MANSION
Copyright ⓒ Froebel-kan Co., Ltd. 2020
First published in Japan in 2020 by FROEBEL-KAN Co., Ltd.,
Korean translation rights arranged with FROEBEL-KAN Co., Ltd.,
through JM Contents Agency Co,
Korean edition copyright ⓒ 2020 by Nermerbooks

Supervised by KAJIMA CORPORATION
Illustrated by TAJIMA Naoto
Designed by FROG KING STUDIO

www.nermerbooks.com
너머북스와 너머학교는 좋은 서가와 학교를 꿈꾸는 출판사입니다.